JULIANO KLEVANSKIS CANDIDO

Enigmas

JULIANO KLEVANSKIS CANDIDO

Enigmas

Belo Horizonte
2023

EDITORAS ASSOCIADAS

“Somos nuestra memoria,
somos ese quimérico museo de formas inconstantes,
ese montón de espejos rotos”
(Jorge Luis Borges)

“Tudo, aliás, é a ponta de um mistério.
Inclusive os fatos. Ou a ausência deles.
Duvida? Quando nada acontece,
há um milagre que não estamos vendo”
(João Guimarães Rosa)

SUMÁRIO

NOTA DO AUTOR

As histórias de *Enigmas* guiam o leitor por labirintos literários onde Adão, Lilith, Eva, Noé, Abraão, Naum e outros personagens bíblicos são reinventados e inseridos em novos contextos narrativos. Os contos se entrelaçam e desafiam a tradição judaico-cristã com humor e ironia. A temática principal é a reelaboração de mitos e textos, oferecendo como chave de leitura a paródia. *Enigmas* acena para o realismo fantástico, com a presença especial de animais. Um dos temas principais do livro é a escrita, seja como leitura ou como criação. Ele mescla temas contemporâneos, como empoderamento feminino e a pandemia de Covid-19, com elementos históricos e míticos. A coletânea é, assim, um entrelaçamento de referências que vão desde o mundo real ao fantástico, passando por elementos literários e religiosos. Destacam-se as influências de Amós Oz, Edgar A. Poe, Jorge Luis Borges, Machado de Assis e Murilo Rubião. *Enigmas* sustenta-se nos ombros de gigantes, tais quais os bíblicos, sem esquecer-se dos problemas e conflitos atuais.

ADÃOZINHO NOMEIA OS ANIMAIS

Não é bom que o ser humano viva sem a companhia de um semelhante; farei para ele alguém que o ajude e a ele corresponda!
(Gênesis 2:18)

A nova criatura, conhecida como Companheira, vê Deus trazer todos os animais à presença do homem. Ela vê os últimos animais selvagens e aves do céu serem modelados a partir do barro. O homem nomeará todos eles: dos domésticos às feras, dos aquáticos aos alados.

É véspera do sétimo dia, o Shabat, e os anjos preparam uma grande festa de inauguração – a celebração do mundo. A expectativa é de cantoria e dança, pois muitos anjos são exímios cantores, sendo alguns, inclusive, hábeis dançarinos, todos, autodidatas. A festa, sem dúvida, será muito animada. Companheira admira a extensão do céu.

Deus acena para o homem, oficialmente encarregado de nomear os seres vivos.

Os anjos interrompem suas tarefas para assistir ao que acontece no lugar que eles chamam de Éden. Alguns começam a ensaiar uma dança circular, outros começam a entoar o "Shalom Alekhêm". Eles treinam com bastante seriedade.

O anjo encarregado de cuidar de lagartos traz, uma a uma, essas criaturas para o homem. O anjo encarregado dos anfíbios traz os anfíbios; o anjo dos gafanhotos traz os gafanhotos etc.

Inesperadamente, a mulher anuncia:

— Que lindinho! Que fofinho!

Ela, com seus cabelos longos e cacheados, segue o homem por toda parte. Esse observa alguns animais imponentes e vistosos que emitem o som *auuuu*... Logo, a mulher comenta:

— Que lobinhos lindinhos...

O homem se irrita com o comentário de Companheira:

— Por que ela só sabe dizer *inho*?

Segundos depois, ele diz, como se anunciasse uma descoberta:

— Eu os denomino lobos — o que os anjos anotam.

Subitamente, uma criatura pequena e peluda salta entre os dois. A tal criatura emite um som estranho e arranha o tronco de uma árvore, o que incomoda o homem.

A mulher interage:

— Gatinho lindinho, vem! Psiu-psiu!

E o homem aproveita:

— Eu o denomino gato — o que os anjos anotam.

O homem reclama:

— Antes o lobo, agora o gato. Ela não para de falar! Só atrapalha a minha tarefa!

Ele expulsa o gato, mas a mulher o chama novamente.

No bosque, eles veem outra criatura. Antes de o homem se pronunciar, a mulher se antecipa:

— Galinho gostosinho, vem, vem! Tchu tchu...

— Não sei, mas isso me soa falso — ele sussurra.

E no momento em que ele pronuncia a palavra galo, os anjos a anotam.

— Ela não para de falar! — ele reclama novamente.

A mulher chama um animal que voa de passarinho; outro, que nada, de peixinho; outro, que pula, de sapinho; outro, ainda, chama de cobrinha.

O homem, que ela passa a chamar de Adãozinho, está perplexo:

— Não entendo de onde ela tira essas coisas!

Minutos depois, a um ser minúsculo a mulher se refere como mosquitinho.

Adãozinho, aproveitando a oportunidade, denomina as respectivas criaturas de pássaro, peixe, sapo, cobra e mosquito. Os anjos anotam.

DILÚVIO

DRAMATIS PERSONAE

Noé e sua família

Animais

Coro

Ato único. Inicia-se a apresentação dos animais. É organizada a fila e Noé lê um trecho do roteiro: "E de todo o vivo, de toda a criatura, dois de tudo, trarás à arca, para fazer viver contigo; macho e fêmea serão". (*Diante dos primeiros animais, diz*): Aqui diz para eu selecionar aves, quadrúpedes e répteis. Pois bem, já recolhi madeira cipreste; untei por dentro e por fora com betume; podemos iniciar a seleção. Exponho, porém, uma condição: a viagem será um mitológico espetáculo circense!

ANIMAIS: Notícia boa se escuta de longe! Queremos entrar na arca!

NOÉ: Calma aí! Quem é o primeiro da fila?

CAVALOS: Nós! Acrobatas!

NOÉ: Então, dizei: o que é acrobacia?

CAVALOS: Acrobacia é uma arte, é dançar na corda...

CORO: Bravo! Bravo!

COBRA (*com desdém*): Não se pode cavalgar dois cavalos com um deles atrás.

NOÉ (*ignorando a cobra*): Aprovados! (*Pausa*) E vós aí, o que sois?

GATOS: Contorcionistas é o que somos!

NOÉ: O que é contorcionismo?

GATOS: É contorcer, é deslocar...

CORO: Bravo! Bravo!

COBRA: Quando a moda da casa é relapsa, o gato é trabalhador.

NOÉ (*ignorando a cobra*): Aprovados! Faltam agora equilibristas para dar equidade à minha obra equidiferente.

IGUANAS: Nós dois...

NOÉ: O quê? Onde?

IGUANAS: Nós somos...

NOÉ (*procurando*): Quem está falando?

IGUANAS: Nós somos estátuas vivas!

NOÉ: Ah, por isso estais tão imóveis! Ora! Por que não dissestes antes? (*Pausa*) Ainda preciso de equilibristas, de malabaristas...

CORO: E nós, de cantores; ninguém nos ouve direito...

COBRA: É como se diz, cantoria demais e macarrão de menos.

NOÉ: Sshh! Não me interrompei... (*ao ver um casal passando*) — Ei, vós, o que sois?

PARDAL: Somos o que vês, cantoooooreeeessss...

NOÉ: Não sei!

CORO (*para Noé*): Servem! Servem!

PARDAL: Sim ou não?

NOÉ: Servis, sim. Vinde para cá!

(*Os pardais vão até o Coro. Noé se interessa por casais passantes e se afasta da fila. Aborda-os.*)

NOÉ: Vós, que sois?

PRIMEIRO: Somos cães *molossus* gregos.

SEGUNDO: Somos cães-ursos chineses.

TERCEIRO: Nós, *pharaoh hounds* egípcios.

(*Escutam-se passos de gigantes, atrás das montanhas. Todos permanecem calados.*)

NOÉ: Vinde! A arca é um navio com muita diversão e um imenso público! É bom em toda parte, mas na arca é melhor ainda!

COBRA: Deus deu ao homem duas orelhas e uma boca para que ele ouvisse muito e falasse pouco, mas esse aí fala demais! Esse Noé, quem ele pensa que é?

OS TRÊS CASAIS DE CÃES (*ignorando a cobra*): Imenso público?! Oba! Vamos!

NOÉ: Vislumbro um grande, imenso, enorme espetáculo, mas falta tanto...

COBRA (*com ironia*): Se tamanho fosse documento, o elefante seria dono do circo.

CORO: O que mais? O que mais?

NOÉ: Faltam palhaços, mágicos, músicos e equilibristas! Todos os animais!

CORO: Oh, animais! Animais!

(*Raposas se aproximam.*)

RAPOSAS: Animais, alguém disse animais?

NOÉ: Sim. Quem sois vós?

RAPOSAS: Somos contadores de histórias.

CORO: Contai! Contai!

RAPOSAS: Era uma vez...

NOÉ (*interrompendo*): Então, podeis contribuir!

RAPOSA: Que tal contarmos uma tragédia, algo como um dilúvio?

NOÉ: Ótimo! (*Pausa*) Contareis a história de uma tragédia, um espetáculo chamado *Dilúvio*!

COBRA: Não digo nada...

CORO: Caminhando a passos largos!

(*Surgem o coelho e o castor.*)

COELHO E CASTOR: Nós somos *Clown'elho* e *Cas'tony*, os palhaços de que necessitais.

(*Saem os palhaços, entram as lebres.*)

LEBRES: Somos mágicos respeitados e trouxemos nossos amigos (*apresentam os macacos*), trapezistas fortes e valentes. (*As lebres desaparecem.*)

NOÉ (*aos macacos*): Bem-vindos.

(*Aproxima-se um casal de porcos portando moedas de ouro e um casal de leões vestindo colete de segurança.*)

CORO: *Salam! Shalom!*

MULHER DE NOÉ: Homem, põe logo os bichos pra dentro e fecha a porta!

(*Os últimos animais da fila — bois, vacas, camelos, cervos, gazelas, jumentos, mulas, leopardos, lobos, ovelhas, cabras, chacais, ursos-pardos, águias, abutres, cegonhas, codornizes, corujas, corvos, grous, pavões, perdizes, pombas e rolas entram rapidamente.*)

COBRA (*entrando*): Por causa da pressa é que a mosca nasceu sem osso.

Um trovão anuncia o início do dilúvio. Ouve-se a música tocar pouco antes de as cortinas dos céus se fecharem. Os animais se acomodam na arca. A luz do sol diminui. Rapidamente, a chuva jorra e a água aumenta e carrega a arca. Dentro dessa, tudo balança de um lado para outro. Os animais se assustam: leões urram, touros mugem, lobos uivam. Então, Noé acende os pirilampos e vagalumes. O espetáculo começa.

Na manhã seguinte, toda a população da arca ouve o canto do galo. Noé, detrás do biombo ali improvisado, brinca com marionetes.

* fim *

MÃE JUDIA

Era o ano 1657 desde a Criação. Deus recriou o mundo e o deu à família de Noé. Aquela geração viu reinar a paz sobre a Terra. Todas as criaturas eram férteis, seres humanos ou animais; não havia guerras ou epidemias. As colheitas, muito seguras, eram semeadas por vento e animais; os rebanhos, sossegados, noite e dia viviam felizes. Eram tempos pós-diluvianos. Canaã, filho de Cam (filho de Noé), contou essa história a Elieser, servo de Abraão.

Assim se inicia o *Livro de Canaã*.

Várias gerações não tiveram a sorte de se deparar com tal magnífico e formidável livro, que ficou escondido e soterrado por milhares de anos. Conta-se que sábios italianos medievais alteraram uma cópia que antigos sábios armênios fizeram do *Livro de Canaã*, que fora iniciado após o dilúvio, no Monte Ararat.

Ele registra o que Naama, esposa de Noé, dizia: "Meus filhos, antes de dormir, deixem uma luz acesa em casa. Ladrões não virão". Os filhos, porém, reiteradamente respondiam: "Que ladrões, mãe? Não há nenhum no mundo".

A mãe alertava: "Cuidado, a sociedade está muito violenta. Está tudo corrompido: é alcoolismo, é nudez, é só desgraça. Ah, e não se esqueçam do casaco e das folhas medicinais. Sem, você ajuda os seus irmãos com isso, está bem?" "Mãe" — Cam dizia —, "estamos no verão, e aqui só faz calor". "Então me mate de uma vez!" — ela lamentava.

Todas as manhãs era o mesmo: "Vão, façam o que mamãe está dizendo, não andem com estranhos, não aceitem nada, podem ser malfeitores e transgressores".

Jafé respondia: "Mãe, o mundo é belo!" E Sem: "Mundo novo, vida nova; não há com que se preocupar". Ela, entretanto, replicava: "Vocês acham que eu nasci ontem? Eu tenho mais de 500 anos!".

Após as tarefas diárias, Canaã se ocupava da escrita. E a avó, com palavras objetivas e diretas, alertava a família sobre perigos – mas todos só zombavam dela.

Num desses momentos, Satã entregou uma videira a Noé e o ajudou a plantá-la. Os frutos eram agradáveis. Noé bebeu o vinho, embriagou-se e, em famoso episódio, despiu-se para a família. Houve certa gozação, Noé brigou com Cam e Canaã foi banido.

Antes de ir, porém, ouviram-se alguns desabafos: “Eu não mereço isso! Realmente devo ser a pior matriarca do mundo!”.

O *Livro de Canaã* relata grandes segredos. Nele constam, em letras e pontos, os títulos da biblioteca de Noé: *Aritmética*, *Astronomia*, *Épocas*, *Guerras*, *Letras*, *Medicina*, *Medicina* (*volume b: Tratado de plantas medicinais*), *Medicina* (*volume c: Como não se resfriar após a chuva*) e *Medicina* (*volume d: Curativos — faça você mesmo*), que Naama lia para os filhos enquanto Noé fazia sacrifícios e orações no altar. Às vezes, em meio à leitura, ela contemplava o arco-íris...

A LIVRARIA DE BABEL

Após o Grande Dilúvio, o homem se multiplica e preenche a Terra. No vale de Shinear, governo local e população decidem construir algo engenhoso, estrutural, com a altura superior à largura, que simbolize força. A princípio, recorrem aos livros da loja de dona Nabucodonozora para extrair ideias. Alguns sugerem arquiteturas mais clássicas, outros menos. Em plebiscito se decide, por unanimidade, pela construção de uma torre. Nabucodonozora encomenda manuais de arquitetura, principalmente os que abordam torres. O governo publica: "Edital de concurso para contratação de Conselheiros de Obra. Todos os projetos deverão denominar-se Torre de Babel. Os cargos serão preenchidos pelos que oferecerem as melhores justificativas. *Mazálá*!".

Nabucodonozora encomenda livros de Matemática que abordam o tema "Projetos" e livros de Filosofia que abordam o tema "Justificativas". Os habitantes se enveredam rapidamente pelas prateleiras da livraria. No primeiro dia, um candidato chamado Shailia, confiante, sugere "a construção de uma torre que fure o céu com machados e drene a água ali contida, impossibilitando, assim, outro dilúvio". A ausência do sobrenome o elimina do concurso. Em seguida, outro candidato, Barbi Zariya, aposta no quesito segurança: "Do alto da torre, a Comissão Sacerdotal poderia alertar para chuvas de intensidade mais alta e, Deus nos livre, para um novo dilúvio". A Comissão Julgadora opta pela eliminação do candidato por julgá-lo monoteísta, logo, incoerente com as diretrizes do concurso. Rael Zariya, primo de Barbi, denomina seu projeto de *Idolatrum Santus*. A Comissão Julgadora classifica o projeto, mas a Comissão Sacerdotal, que tem a palavra final em concursos, desaprova-o, devido ao uso do termo *Santus*. Yirmiel Zaryia, irmão de Rael e primo de Barbi, tem seu projeto recusado em fase classificatória por conter erros ortográficos, tornando a leitura do texto impraticável. Mara Shilah, meteorologista renomado, defende o dilúvio como "ocorrência natural, resultado dos movimentos das esferas celestes". Apesar de seus famosos cuneiformes sobre o posicionamento dos planetas, que contribuíram para a ciência mesopotâmica, o meteorologista é condenado à morte

– antes de defender sua proposta! Ranan Tib, milionário, conhecido por suas proezas na Loteria da Babilônia, defende: "Objetivo Geral: superar os deuses. Objetivos Específicos: 1) servir a ídolos, 2) ter no topo a forma de um homem segurando uma espada na mão".

Inicia-se a construção. O projeto contempla um ídolo gigantesco no topo, visto por toda a humanidade. Irrompem, de toda parte, homens em busca de trabalho. Muitos dormem ali mesmo, dentro da torre, outros, em locais mais afastados. Por mais longe que um trabalhador se hospede, tem a torre para guiá-lo de volta. No início, os conselheiros de obras estão de acordo com os planos e execuções, mas, agora, cada um tem uma visão, uma opinião, o que resulta em discussões e brigas. Os primeiros conselheiros abandonam o projeto, deixando-o nas mãos de servos pouco preparados, cada qual com sua teimosia. Esses criam colunas e paredes que não se encaixam. A Comissão Sacerdotal percebe um importante fato: trabalhadores em afluxo falam línguas distintas. A situação se torna incontrolável. Todos querem concluir a torre. Ninguém interrompe afazeres e ela continua subindo; conselheiros se desentendem. Intérpretes são buscados na cidade e nas imediações, mas ninguém logra se comunicar em tantas línguas. De imediato, a

Comissão Sacerdotal decreta estado de emergência. É o começo do fim.

Babel... Há muito o que dizer sobre essa cidade. Em primeiro lugar, a destruição da solidariedade e a imposição da intolerância. Seduzida, extorquida, abandonada, a cidade é perigosa. Estrangeiros olham para ela por trás das janelas de suas estadias, lembrando-se da segurança e do conforto de suas terras natais. Aqui, a vida escorre com surpresas. De início, eles não se relacionam com os habitantes do lugar; ninguém se entende. Por todos os lados, pessoas tentam se comunicar; sem sucesso. Muitos ainda sentem fascínio ao contemplar a cidade; poucos se desafiam a baixar às ruas; os que se arriscam descobrem que as línguas se multiplicam. Alguns tentam conter a confusão e a fúria das ruas, impedindo a incursão de intrusos com uso de muros, espaços vazios e precipícios.

As viagens são parte da rotina de muitos homens. De origens variadas, uma necessidade é comum: descansar depois de um longo dia de viagem. Os viajantes contam com a boa vontade de moradores das regiões externas à cidade. Apesar da imundície e do mau cheiro, dormir no feno, perto dos animais, aquece o corpo. Os estabelecimentos nos limites de Babel já não são seguros. Para os residentes, trata-se de conter a cidade; para os viajantes, enfrentar a multidão e a confusão, a violência e o pânico.

Apenas um local é capaz de gerar vida e de alimentar um caudal de paixões associadas às noções de arte, astronomia, filosofia e matemática. Assim como a fúria, a cobiça e a desordem tentam se impor, Nabucodonozora mantém sua livraria, capaz de conter os perigos e a destruição. Somente ela, com obras em diversos idiomas, propicia a superação da desordem. Ali, trabalhadores, matemáticos, filósofos, astrônomos encontram suas línguas natais. Naquela parte, um espaço liso e livre do caos, ela sempre alerta: "Deus nos livre, a torre rolará sobre nossas cabeças".

A torre mostra fissuras e rachaduras nos andares inferiores. Olhares preocupados! Em seguida, é decretado estado de calamidade. Nenhum andar a mais é suportado e a torre se parte. O projeto é completamente abandonado. Vem a confusão maior e a cidade é destruída. As pessoas, cada qual com sua língua, fogem com livros de Nabucodonozora. No interior da livraria, na esquina de dois caminhos, um único ser encarna, a seu modo, livro em mão, a solidão e o desespero dos arredores da cidade.

O ARTISTA DE UR

Ultimamente, o interesse pelos artistas vem diminuindo. Antes, oferecíamos monumentos aos deuses. Agora, é difícil. Os tempos mudaram. A cada dia, aumenta a propaganda religiosa. Fanáticos, querendo destruir ídolos, vêm no mínimo duas vezes ao dia, perseguindo bezerros de ouro e estatuetas de bois, por exemplo. Perseguem tudo o que é arte.

Antes, a atenção se voltava a artistas com "a" maiúsculo; nem me refiro aos da Idade da Pedra Lascada ou aos da Idade de Pedra Polida, mas aos deste tempo conturbado em que vivemos; representações de homens, mulheres e animais sempre estiveram expostas ao ar livre e nós, artistas, sempre fomos venerados; pais e mães se interessavam por nossas obras; crianças desejavam tocar nossas mãos; a arte, enfim, entretinha as famílias, e para nós ela sempre foi necessária. Agora, ai de nós! Estamos desprestigiados, chamam-nos de idólatras.

Todos os dias, vou à praça principal, sento-me, observo o movimento de pessoas, cabras e camelos. Espalho a tinta na palha, sem me preocupar com pigmentos egípcios, técnicas xias ou estilos minoicos. Crio obras a partir do meu vazio, e me divirto. Não me preocupo também com sacerdotes e colonizadores, pois minha cabeça não está para política. Aos que me perguntam se já realizei o sacrifício no templo, dissimulo um "sim" e volto à pintura. Ao meu lado, Taré está sempre mergulhado na criação de estátuas de madeira e de pedra; cada estátua sua é tão importante para ele como cada quadro meu é para mim. De vez em quando, bebemos juntos para umedecer os lábios e nos alegrar.

Na tenda de Taré, há doze ídolos alinhados e um maior, que ele sempre contempla apaixonadamente. Os filhos de Taré — Harã, Naor e outro cujo nome esqueci — ajudam-no nas vendas, mas há cada vez menos clientes. Abrão, lembrei o nome, curiosamente espanta os clientes do pai. Certa tarde, vi Abrão dizer ao pai, apontando para o ídolo grande: — Dize-me, pai, por acaso esse é o Deus que criou o céu, a Terra e os homens? — O pai respondeu, nervoso: — Filho, estão conosco, em nossa tenda, os deuses que criaram o mundo. — Taré puxou Abrão para casa, deixando os outros filhos.

Perguntei a eles: — Esse irmão de vocês se converteu à nova religião? — Não sei — responderam.

No dia seguinte, um sábado, eles chegam mais tarde que o habitual e armam a tenda a uma distância maior da praça. É estranho, parecem evitar a mim e aos outros artistas – mas, em questão familiar, não me intrometo. Abrão está ausente. Percebo também que não trazem a estátua maior, apenas as pequenas, o que me deixa intrigado. Aproximo a minha tenda da deles. Os outros artistas — pensando ser uma estratégia de vendas ou motivados pela curiosidade — também aproximam as suas tendas.

Isso acontece, sucessivamente, dia após dia, e, paulatinamente, distanciamo-nos todos da praça.

Certo dia, Taré e seus filhos não vêm. Organizamos um grupo e vamos a sua casa, que não dista muito, para averiguar. Vamos, para lá, decididos a ajudar o amigo, pois nada atormenta tanto um artista quanto o fracasso, mas algo nos deixa terrivelmente assustados. Abrão, que é muito grande e forte, grita, esbraveja e quebra as estátuas do pai. Tentamos intervir, mas ele grita para o nosso grupo: — Amanhã vocês verão! Ai de toda geração entregue à vã ilusão. — O grupo imediatamente volta para a praça. Permaneço. Abrão continua: — Servem a esses ídolos de madeira e pedra que têm ouvidos e não ouvem, têm bocas e não falam, têm olhos e não veem. — Ele, então, apanha um machado e despedaça todas as estátuas do pai. Taré se enfurece, como nunca vi, e Abrão corre. Volto para a praça com pena do meu amigo, tão trabalhador e tão dedicado.

Após um dia regular de vendas, anoitece e volto para casa. À noite, penso nas palavras de Abrão e sonho com fanáticos destruindo a praça; no pesadelo, há uma confusão de vozes e cores. Na primeira hora do dia, pinto a cena aflita.

E lá vem Abrão, sozinho em nossa direção. De manhã, ele parece ser ainda mais forte. Digo a mim mesmo:

— Que confusão! Pegarei minhas coisas e partirei daqui. Amanhã, rumarei a Canaã e ficarei livre desses fanáticos. Lá, sim, há pessoas interessadas em pintura.

Passam-se anos. Tenho muitos clientes e vivo muito bem. Modestamente, pinto deuses belíssimos. Na verdade, pinto de tudo. A arte é necessária para o artista, traz consigo a liberdade. É preciso estar alerta: por todos os lados pode brotar a semente do fanatismo.

Eis que, inacreditavelmente, surgem o filho de Taré e seu bando. Eles dominam os homens e quebram estátuas de deuses. Alguns artistas conseguem reunir pequenas obras e fogem. Permaneço parado, sei que não há como fugir.

O GOLEM

Assim disse Deus, o Senhor, que criou os céus e os estendeu, expandiu a Terra e o que dela cresce, deu respiração ao povo sobre ela e espírito aos que caminham sobre ela.
(Isaías 42:5)

É dia 4 de outubro de 1582 e uma parte da comunidade judaica no leste da Polônia aguarda a chegada do novo rabino. Após a reza matinal, enfim, chega o novo líder: um homem alto, forte e aparentando ter 40 anos.

O rabino chega envergando uma túnica listrada de azul e branco, trajando vestes e sandálias à maneira dos judeus do oeste. Diz se chamar Rav Golem Sefaradi, nome muitíssimo estranho para os judeus poloneses. Diz também ter viajado a semana inteira na carruagem que o trouxera do oeste ao leste. O tempo está escuro e nublado.

Rav Golem passa a servir na sinagoga: realiza o trabalho manual, bem como o estudo da Torá e o serviço religioso. Ele frequenta a gélida água da casa de banho ritual, apesar das noites frias, e jejua na segunda-feira, dia 8, e na quinta-feira, dia 11. Tudo parece estar indo muito bem.

Os frequentadores, todavia, notam estranhas particularidades no devoto líder: um amuleto no pescoço com a palavra hebraica *emet* — que significa verdade — e um arranhão na testa. E quando Rav Golem reza na *bimá* — plataforma no centro da sinagoga onde os livros sagrados são lidos —, todos ali notam uma porção de barro escorrer de suas mãos e pingar no chão. Para muitos, a substância é marrom; para alguns, é vermelha; para outros, ainda, é amarela.

A comunidade passa a evitar o rabino: em primeiro lugar, as mulheres casadas; em seguida, as moças; posteriormente, os moços; por último, os homens casados. Os mais velhos decidem continuar a frequentar a sinagoga, por esse ser o único local de culto, mas procuram uma acusação contra o seu rabino.

Assim, Rav Golem passa a ter dificuldade de conseguir o *minyan*, o quórum de dez homens necessário para realizar as orações. E soluciona o problema da seguinte maneira: agarra o primeiro judeu que passa em frente à sinagoga e enfia-o ali dentro. Assim que outros procuram por esse, são igualmente agarrados, por mãos barrentas, e ali inseridos.

Tzvi, o *shamash* — aquele que supervisiona os serviços diários e cuida de objetos rituais em uma sinagoga —, descobre algumas diferenças na pronúncia do rabino, listando-as aos seus patrícios:

— A sílaba tônica é sempre no final da palavra, a letra *áyin* é diferente, a letra *reish* também, ele tem uma pronúncia nasal, parecendo francês. Ah! E ele disse *ê* em vez de *ei*.

Tzvi ainda frisa:

— Percebi isso só de escutar a leitura dos salmos do dia.

O cocheiro, de rosto comprido, pele vermelha e barba desgrenhada, reclama:

— O *sidur*[1] dele é diferente, as músicas das orações são diferentes...

Prontamente vem Shabbatai, dono de uma loja de tecidos, com sua informação:

— Depois da leitura da Torá, após o serviço matutino de sábado, Rav Golem leu trechos trocados dos profetas.

[1] Sidur: "ordem" ou "arranjo", em hebraico. Também conhecido como seder tefilot, é o livro de orações e bênçãos utilizado por judeus em ritos diários e em datas especiais.

Logo, Chaim, proprietário do comércio de alimentos, também reclama:

— Ele leu trechos errados da Parashá, a porção da semana.

O caso é levado rapidamente até Rav Eliyahu Ben Aharon Yehudah, rabino-chefe de Chelem. Esse discute a situação de Rav Golem com os frequentadores da sinagoga Kaddish e conclui:

— O importante é viver uma vida judaica, cumprir os mandamentos religiosos, que todos os judeus, independentemente de serem orientais ou ocidentais, precisam cumprir.

Rav Golem, com seus ouvidos assaz apurados, escuta as reclamações da comunidade junto ao rabino-chefe e se entristece profundamente. Por exatos 11 dias, Rav Golem serviu à pequena comunidade, a leste de Chelem.

Ele se encaminha ao sótão da sinagoga, tranca a porta, guarda a chave no bolso e retira o amuleto de seu pescoço. Seu corpo instantaneamente se desmancha no chão.

Na manhã seguinte, a sinagoga está vazia, abandonada. É o dia 15 de outubro de 1582, depois do período conhecido como Dias Perdidos[2]. Desde então, o sótão da sinagoga Kaddish, localizada em um *shtetl*[3] no leste da Polônia, permanece trancado.

2 Dias suprimidos com a substituição do calendário Juliano pelo Gregoriano. Para ajustar o calendário civil, Papa Gregório XIII, assessorado pelo astrônomo Christopher Clavius, determinou que, após 4 de outubro, seria 15 de outubro de 1582.

3 "Vila", em iídiche. Era o local, na Europa Central e Oriental, com predomínio populacional judaico, resultado de exclusão social ou de estabelecimento forçado.

O HÓSPEDE

A partir do decreto de 1834, a região passa a pertencer à chamada Possessão Francesa.

O dono da casa, tendo como obsessão hospedar um viajante, vive anos a fio com a esperança de receber quem viesse repousar das fadigas da travessia do deserto. Toda manhã, ele mira com ansiedade o horizonte amarelo e árido.

É o dia 8 do mês de Jumada I. Após as orações e ainda sobre o tapete de reza, com olhar exultante e incrédulo, o dono da casa vê um viajante despontar no horizonte e, mesmo de longe, apressadamente grita:

— *Salam*, venha! Sim, fique conosco!

O dono da casa é a autoridade familial, chefe e senhor. Com a aproximação do viajante, apressa-se em dizer:

— Venha, sim! Entre rápido.

Ele não pergunta nada sobre o viajante. Está feliz e sempre pronto a dizer:

— Sim, *ahlan wa sahlan*, bem-vindo!

O dono da casa ordena que esposa e filhas preparem o desjejum. Ele faz as leis da casa e se sente digno por oferecer hospitalidade. Com a mesa posta, abençoa a refeição, pede as bênçãos de Alláh:

— Coma, sim, coma, quaisquer que sejam seu nome, sua língua e suas crenças.

Sob o teto da hospitalidade, o visitante termina o desjejum e repousa.

Infelizmente, o dono da casa percebe algo estranho: na face do hóspede está estampada a condição de criminoso. Enquanto esse descansa, aquele se volta para a coleção *Histoire Labyrinthique*, publicação mensal do Liceu de Paris: “Anormalidades, como nariz adunco, fazem um criminoso nascer criminoso. Sua linguagem secreta, seu desrespeito pela autoridade e seu forte apetite sexual são inatos. Esses doentes mentais estão na mira dos estudos científicos...”.

O dono da casa resolve efetuar o primeiro teste, deixando o hóspede sozinho com a esposa e as filhas:

— É sabido que cristãos e judeus são pervertidos, mas tenho que ser cauteloso, eles vendem donzelas indefesas, comercializam-nas como escravas.

O hóspede mostra-se desinteressado por elas. Após a refeição do meio-dia, enquanto esse repousa, o dono da casa recorre novamente à coleção: "Um criminoso é vítima de influências atávicas, ou seja, adquiridas de maneira hereditária...".

Então, ele se convence de que o forasteiro exala cheiro de criminoso. Observa-o e sussurra:

— Devo ter cuidado, pois os criminosos são os piores.

Resolve efetuar o segundo teste, deixando o hóspede sozinho com os bens materiais:

— É sabido que são criminosos. Tenho que ser cauteloso! Eles roubam e praticam o comércio ilícito!

O hóspede, entretanto, mostra-se desinteressado pelo patrimônio do dono da casa:

— Ele não me roubou! Então, deve possuir bens. Cometerá crimes *avec amour*, como um trapaceiro.

O dono da casa já não tem certeza, pois o olhar do hóspede lhe parece puro.

Resolve efetuar o terceiro teste:

— Agora poderei entender suas leis. Tenho que me precaver, pois os trapaceiros são os piores. Ele pode, cedo ou tarde, trazer um camarada e me roubar.

Surpreendentemente, surge outro forasteiro, trajando roupas similares às do primeiro. Parece viajar só. Desta vez, o dono da casa está decidido a não conceder abrigo, mas logo reconhece, perplexo, que o rosto do segundo forasteiro é semelhante ao do primeiro. Sua vista escurece. O segundo forasteiro não está mais ali, era talvez um fantasma.

Instintivamente, o dono da casa procura por algum objeto estranho, suspeito, nos pertences do hóspede. Enquanto esse se banha, aquele verifica as bolsas. Encontra dezenas de pequenos tubos idênticos com orifícios nas extremidades. Em um dos estranhos tubos, há uma inscrição: *Kaléidoscope*. Ele aproxima o olhar, não acreditando no que vê. Ao movimentar o tubo, visualiza figuras dançantes, coloridas, julgando ter em mãos um objeto mágico:

— Por Alláh! É feito com pedras mágicas! É comerciante de lentes mágicas! Eu sabia! Todos eles são itinerantes sem residência fixa! Por isso fala a nossa sagrada língua do Corão! Deverei ter cuidado, então, pois os astutos são os piores. Eles podem matar uma pessoa com o pensamento, tornar vivos os mortos ou desaparecer.

O dono da casa retira o olhar do orifício do caleidoscópio e por alguns segundos ainda vê movimentos multicoloridos. Ele expulsa o hóspede, reclamando:

— Descobri! Você pratica o antigo ofício de sua raça: feitiçaria! Espere um minuto: o que é um *kaléidos-*

cope? Não importa! Feiticeiros são ardilosos, quebradores de regras, mentirosos, não deixam pistas... São criminosos capazes de usar bigodes, barbas e perucas e de trocar a identidade!

TEODÓXI, O RELIGIOSO

Aqui consagro (uso esse termo, pois me refiro ao homem mais religioso que houve na face da Terra e que, como tal, teve o direito de não morrer, seja por morte obscura ou por ato homicida) Teodóxi, o Religioso, ninguém mais e ninguém menos que o maior devoto, o que mais temeu a Deus, da alvorada ao crepúsculo e do crepúsculo à alvorada, dia após dia e noite após noite, a vida inteira. Recordo-me dele, olhos cerrados, lábios concentrados em meditação, por trás dos livros de orações. Essas orações eram as mais singulares, creio, e suas mãos nervosas levavam sempre, recordo bem, pergaminhos sagrados. As sistemáticas mãos levavam também um lenço — bordado com diversos símbolos, ocidentais e orientais — com o qual enxugava o suor.

Explico: recordo-me de ver, da minha tenda, o tapete com o qual Teodóxi fazia, com a pronúncia árabe, orações muçulmanas. Recordo-me também do esforço físico para rapidamente se levantar e vestir a indumentária hebreia em tempo certo e segundo essa tradição. Recordo-me claramente das danças sufistas, rodopiantes. Todos os que o conheceram o criticaram; meu testemunho será, por certo, menos crítico, pois eu o admirava. Minha ambígua condição de marrano cético impediu-me de entender seus rituais hindus — realizados rigorosamente em seu brilhante altar de adoração; ali, ele oferecia velas, incensos e flores para vários deuses. Teodóxi dizia mantras, meditava, praticava ioga tântrica, sempre transmitindo — ao menos para mim, que, escondido, assistia a ele — paz e relaxamento. Entretanto, como mágica e de um modo extremamente cuidadoso, ele logo dizia palavras de arrependimento e imediatamente proferia repetidos mantras budistas. Isso se repetia todos os dias: na prática hindu, ele tocava em estátuas de divindades; depois, na prática budista, ele meditava, em silêncio contagiante, respiração calma, olhos cerrados, inspirando pureza e — não sei por que me vem essa palavra — iluminação. Teodóxi praticava cultos tradicionais e milenares por horas a fio. Eu me cansava de observar e saía, voltava e o via chorando, arrependido por não sei o quê e, logo, fazendo oferenda a deuses africanos. De repente, ele recitava orações com um terço na mão, desenhando uma cruz no ar. Às vezes, após uma pausa, recitava orações protestantes e se dizia arrependido de idolatrias. Depois, eu o via pontualmente ler o Corão, arremessando à lixeira um cálice de vinho e mostrando um arrependimento sincero e sobrenatural, como se estivesse fora de si.

Certa vez, fui à sua tenda e o expiei. Teodóxi dormia um sono profundo e tinha o semblante muito feliz. Ele era um precursor dos ultraortodoxos; um Buda ou um Jesus; não o histórico, mas o salvador, o mensageiro ilimitado deste mundo. Minha primeira lembrança de Teodóxi é vivíssima: o ritual de purificação de mãos, narinas, braços, face, cabeça, orelhas e pés, lavados de maneira tão cuidadosa, precedeu a oração; ele, naquele momento, um muçulmano genuíno, rezava voltado para Meca. Eu o vi em um entardecer no qual ambulantes lhe indagavam como um islâmico podia entoar hinos ao som de tambores e fumar haxixe; não entenderam a dança vertiginosa. Teodóxi, então, declarou-se dervixe e, dedo em riste, defendeu-se: "Quem conhece a si mesmo conhecerá a Deus". Um dia, voltando do bazar, percebi um tumulto em frente à sua tenda. Os testemunhos eram diversos: "Ele mastigou vidros e pregos"; "Andou sobre brasas faiscantes"; "Engoliu espadas afiadas"; "Bebeu veneno". Tudo era dito de forma caótica. Pensei (e penso até hoje) ser ilógico um ser humano sobreviver a tudo isso. Teodóxi estava deitado em uma maca e me aproximei dele para saber o que ocorreu. Um *mujahid* tentou me impedir. Teodóxi segurou meu braço e disse:

"Em 1995, guerra de incomparável amargura abalou minha vida; minha família foi morta cruelmente. Aprendi, sem muito esforço, idiomas sagrados: alemão, árabe, hebraico, latim, sânscrito, swahili. Desde o início, sabia do que eu era capaz. Depois de algum tempo, peregrinei a Jerusalém: dentro das santas muralhas, vi, miraculosamente, a Presença Divina. Voltei, e uma grande mudança se fez na minha vida. Essa jornada ao Oriente permaneceu sempre como um marco da minha fé. Bem desejei permanecer na fé dos meus pais, que existe desde o primeiro patriarca e existirá por toda a eternidade, mas, em mim, tal fé se revelou monumento airoso e desagregado. Hoje, por motivos peculiares, cultuo tudo com sinceridade íntima; por isso, quero ser lembrado como nascente e poente. Assim, apesar das minhas origens, sigo todo manuscrito e respeito todo costume... Sei que algumas terras parecem mais favorecidas, parecem possuir mais graça ou esplendor que outras...". Após uma pausa, ele continuou: "Depois, foi-me dado percorrer lugares sagrados da Índia em que Buda viveu, as águas do Ganges, o lago Pushkar e o doce lago onde o Mestre deu os primeiros passos, quando uma tempestade destruiu as planícies do interior, matando cinco mil pessoas, e onde Ele ditou, como uma de suas máximas, 'O que é odioso para ti, não o faças a teu próximo'. Alimentado pelo amor ao próximo, ele disse ainda 'Não julgues o teu próximo até que estejas no seu lugar'. Também visitei a caverna de Hira, vagando com orgulhosos devotos. Entre Meca e Medina, tantas vezes trilhou Mohammed, o profeta, astuto e combativo sobre o seu dromedário. Eu tomava cuidado, pois uma vírgula eu não podia alterar ou questionar, e um dos viajantes dizia que 'a revelação é final e inalterável'. Desde o jardim florido de Haifa até os galhos de Ìròkò, a árvore sagrada, e as águas sagradas dos Orixás, na floresta sagrada dos iorubás, conheço bem. Em todos os sítios, habita o divino, a liberdade e o aprisionamento; uns chamam de mesquitas, templos, mosteiros ou sinagogas; outros chamam de igrejas, santuários, pagodes ou encruzilhadas".

No mundo eclético de Teodóxi, não havia senão detalhes, quase imediatos. A receosa claridade da madrugada entrou pelo pátio de terra. Então, vi a face da voz que toda a noite havia falado. Teodóxi tinha 21 anos; havia nascido em 1988; pareceu-me tão monumental como o bronze, mais antigo que o Egito, anterior às profecias e às pirâmides. Todas as suas palavras (e todos os seus gestos) perduram em minha sensível memória; entorpecia-me seu temor e a multiplicação de ritos. Teodóxi não morreu naquele episódio de 2009 e ainda voltou para a vila em que morávamos.

Ele se tornou um mártir: Profeta Teodóxi, nascido no século XX. Após peregrinar pela África, de norte a sul, e pela Ásia, do Oriente Médio ao Extremo Oriente, onde entrou em contato com centenas de religiões, voltou a viver em Beagád, estabelecendo ali o centro de uma nova fé. Reuniu muitos seguidores e, durante um momento de transe, exclamou, em um dialeto árabe: "Ana Dini!" (Eu sou o Religioso). Ele foi acusado de heresia. Em algumas versões, ele foi amarrado a uma cruz; em outras versões, ele foi queimado; em outras ainda, Teodóxi, o Religioso, subiu aos céus.

TERRA QUE EMANA LEITE E MEL

Rabi Malachias haEmet, o Rame, possui um distúrbio conhecido como Síndrome do Intestino Irritável. Os gases e o inchaço abdominais o incomodam muito. De acordo com os médicos, é intolerância à lactose e ao mel, alimentos que possuem enzimas não absorvidas em seu intestino delgado.

Rame vive rigorosamente segundo uma regra ética, a saber, de dizer a verdade sempre. Ele não julga as pessoas, mas diz a verdade mesmo que essa as magoe. Ele é um homem justo e sábio, porém, às vezes, demasiadamente duro na exigência do cumprimento dos mandamentos religiosos judaicos. Mesmo em situações em que as pessoas não suportem um fato ou uma opinião, ou em situações triviais que demandem pequenas mentiras por motivos justos, Rame, implacavelmente, aplica sua regra ética.

E Deus, generosamente, concede-lhe a entrada na Terra que emana leite e mel.

No primeiro dia, um anjo o recepciona e lhe mostra um campo repleto de cabras de cujos úberes gotejam leite. Assim que o anjo lhe dá um pouco de leite, Rame toma uma parte (gases e inchaço abdominais o incomodam; na Terra, irrompem raios e trovões por sete dias e sete noites) e derrama o restante, próximo de onde cabras pastam. Ali, rapidamente, nascem figueiras repletas de frutos doces. Outras cabras logo vêm em direção às figueiras e comem de suas folhas.

No segundo dia, o anjo lhe mostra, para além do campo onde as cabras pastam, um imenso apiário contendo milhares de colmeias utilizadas para criação de abelhas e colheita de mel. Assim que o anjo lhe dá uma porção de mel, Rame toma uma parte (gases e inchaço abdominais o incomodam; na Terra, irrompem raios e trovões por sete dias e sete noites) e derrama o restante, próximo de onde abelhas voam. Ali, rapidamente, nascem enormes tamareiras de frutos muito saudáveis. Outras abelhas logo vêm em direção às tamareiras para aproveitar suas sombras.

No terceiro dia, o anjo lhe mostra, para além dos campos de tamareiras e de figueiras, um gigantesco plantio com milhares de oliveiras. Assim que o anjo lhe dá uma porção de azeitonas, Rame imediatamente as derrama no chão. Abelhas voam, cabras berram e rapidamente crescem enormes frutos pretos e castanhos. Vem o vento e balança folhas e flores.

Tudo vai bem: mel de abelha e de tâmara fresquinhos, leite de cabra e de figo em abundância. "Exatamente como Deus prometeu" — diz Rame. O sábio mete alguns figos em um barril e, com uma escada, guarda-os no sótão. Em seguida, guarda um barril cheio de tâmaras. Mais tarde, levanta do chão um barril repleto de azeitonas e se emociona com a surpresa: as azeitonas se encontram tão boas que azeite jorra delas, enchendo o barril até o topo e inundando o assoalho.

A Terra é abençoada e Rame se acostuma com a nova rotina: gases e inchaço abdominais o incomodam todas as vezes que ingere mel de abelha e leite de cabra, enquanto na Terra irrompem raios e trovões.

QUEBRA-CABEÇA

A minha idade? Sou muito velho, tenho a cara enrugada e as orelhas grandes. Francês de nascimento, estudei na Alemanha Oriental, no tempo do comunismo, e vivi por muitos anos em outros países da Europa. Por razões diversas, imagens repetitivas verdadeiramente se apossam de mim. Isolo-me do mundo exterior, em locais abandonados e distantes dos centros urbanos. Costumo desaparecer por anos. E ninguém, até agora, sabe das circunstâncias excêntricas de tão longas reclusões. Assim, vim para Minas Gerais, onde estou até hoje.

Depois de fechar a porteira, meto-me em uma chácara. Ninguém me vê entrar. Da varanda, vejo a estrada vazia e sem movimento. De um lado, erguem-se as serras, de outro, uma antiga fábrica de chocolate. A primeira impressão, espécie de premonição estranha e agradável, é de que permanecerei neste lugar por muito tempo. Hoje não há mais do que reconhecimento; examino tudo, com paciência e curiosidade. A chácara é rústica, mas habitável. Há plantas, água doce e animais. Na casa: sujeira, telhas quebradas, portas e janelas emperradas. Na primeira semana, colho frutas, legumes e improviso um fogão a lenha. Uso ferramentas enferrujadas que encontro num cômodo externo. Outra semana passa. Estoco comida e decido relaxar um pouco.

Com ar de proprietário, exploro os cômodos mais escuros do segundo andar da casa. Noto a sala de jogos. É a primeira vez que vejo um jogo de 100 mil peças. Em 1760, o cartógrafo John Spilsbury produziu o primeiro quebra-cabeça da história, montando mapas em madeira e cortando as fronteiras nacionais. Sinto o entusiasmo de uma criança apresentada a uma brincadeira nova. Atualmente, as pessoas se entretêm com seriados, filmes e jogos eletrônicos. Não sou contra a realidade virtual, mas prefiro jogos de tabuleiros, fantasia da infância de outrora. Vamos à verdade: o que carregamos nas mãos possui existência real.

Lá fora, o vozerio típico de florestas montanhosas.

De noite, à luz de velas, abro a caixa e começo a separar as peças. Em um pote, as amarelas; em outro, as verdes – mas os potes revelam-se pequenos demais. Do outro lado da sala, há um armário enorme. Retiro as gavetas e as coloco sobre as cadeiras. Estranho que uma das cadeiras está aparentemente limpa. Deixo-a próxima ao armário e continuo a separar as peças. Em uma gaveta, as cinzas; em outra, as marrons. De repente, uma névoa escurece a visão. Vejo alguém sentado na cadeira e sinto um calafrio. Não, provavelmente é efeito do cansaço. Após separar as peças, procuro por padrões; encaixo as bordas, que são retas. Encaixo 5, 10, 20, 50, 100 peças. Após horas (ou são dias?), encaixo a Turquia e a Rússia.

O jogo me parece mágico. As peças reluzem. Eu me esqueço do mundo. No dia seguinte, estou obcecado com as bordas. Novamente, vejo alguém sentado na cadeira ao lado do armário. Sorrio. É um delírio. O que me importa realmente são as bordas. É inevitável: terminar o sul, o oeste, depois o norte. Anoitece. Estranho, há pouco amanheceu. Acendo outro candelabro. Não quero dormir, quero as orlas, as linhas que demarcam as costas. Outra névoa escurece a visão. O antigo relógio de parede bate. Seis horas. Ar? A janela está fechada. Que poltrona confortável! Por que bocejo? Não durmo. Dormi?

Alguém se debruça sobre a mesa. Que é isso? Balanço a cabeça, volto ao jogo. Encontro um rio, um país inteiro. Deleito-me. Monotonia? Não! Nunca! Corrigir o caos. Nunca parar. Nunca sair da sala de jogos. Até o fim. Na quarta, quinta semana (ou são meses?), é com terrível esforço que procuro pelas últimas peças. Se não terminar, não serei nada. Lembro um trecho do livro de Guy de Maupassant, *A morta*, em meio ao meu esgotamento: "Ouvia meu coração bater! E ouvia outra coisa também! O quê? Um ruído confuso e inominável! Seria em minha cabeça enlouquecida, na noite impenetrável ou sob aquela terra misteriosa, sob a terra semeada de cadáveres humanos? Eu olhava ao redor!". Cito de memória, não sei se corretamente.

Encontro finalmente as últimas peças: Escócia, Canal da Mancha, Países Baixos, Córsega e Sardenha. A imagem! Ah! Agora consigo ver a imagem. Não é a de um mapa-múndi, mas a minha. Eu, de olhos amarelos, buscando a minha essência. Assim, conquisto minha redenção — minha alma volta ao céu, onde não está mais escravizada. Estou livre. Então, tudo em minha mente se encaixa como um quebra-cabeça. E desapareço definitivamente.

AS 22 NOITES HEBRAICAS

O relógio marca meia-noite. Minha esposa diz: — São 22 letras. — Acordo, assustado, e pergunto: — O quê? — Ela acorda, reclama e volta a dormir.

Na segunda noite, no mesmo horário, ela diz: — Estas são as 22 letras. — Interrompo imediatamente: — O que disse? — Ela reclama, volta a dormir; eu permaneço acordado por alguns minutos. No café da manhã, sonolento, repito a frase que ouvi, mas ela não acredita em mim.

Na terceira noite, ela diz: — As letras hebraicas pedem ao Criador para serem os instrumentos de criação do mundo. — No celular, anoto a fala e volto a dormir bem mais tarde. De manhã, bastante sonolento, mostro o que escrevi. — Frase longa — ela comenta. Café em uma mão, celular em outra, pesquiso rapidamente sobre "falar dormindo" e saio para o trabalho.

Na quarta noite, pontualmente, ela diz: — Primeiramente, vem a letra *Tav*. — Como na vez anterior, anoto o que ela diz e durmo. No café da manhã, leio o texto em voz alta. — Letras do alfabeto? — ela pergunta, com curiosidade. Rimos. Continuamos a pesquisar o assunto e nos deparamos com a palavra sonilóquio. Intrigados, saímos para trabalhar.

Na quinta noite, ela diz: — Mestre, eu sou Tav, da palavra verdade. — No café da manhã, o interesse se concentra na pesquisa sobre sonilóquio. Ela lê, preocupada, que "Falar enquanto dorme é um distúrbio grave? O problema incomoda quem dorme ao nosso lado?". Eu digo, rapidamente: — Não é grave, não se preocupe. — Saímos para o trabalho.

Na sexta noite, ela diz: — Mestre, eu sou Shin, do teu nome *Shadai*[4]. — No café, aprofundamo-nos no tema soniloquismo. Lemos em um artigo: "Manifestação da atividade cerebral, considerada distúrbio benigno do sono, não indicando doença grave". Mais tranquilos, saímos para trabalhar.

[4] Um dos nomes hebraicos para D'us. Em geral, é traduzido como "Todo Poderoso" e "Onipotente". Porém, alguns linguistas, com base em derivação de radical, afirmam poder ser "Deus da montanha", "Deus que nutre" ou "Deus que satisfaz".

Compro café.

Nesse dia, pesquiso sobre o alfabeto hebraico. Decoro as primeiras: *álef*, *bet* e *guimel*. Coincidentemente, ela me envia uma mensagem com as letras *shin* e *tav*.

— Já está nas últimas? — eu indago.

— Estou estudando, no intervalo do trabalho, tem um mês.

— Hum, isso explica tudo então.

— Não, não sei.

Nas duas noites seguintes não ocorre nada, durmo um sono tão bom...

Com o passar dos dias, aumentamos nosso conhecimento sobre o distúrbio e aprendemos que se trata de "Atividade noturna de ondas cerebrais que leva à formulação de pensamentos inconscientes e de palavras soltas ou mesmo frases aleatórias".

Na sétima noite, porém, em meio ao uivo assustador do vento na janela do apartamento, ela grita: — Mestre, sou Tsadi, da palavra justiça. — Não digo nada. De manhã, percebo o aumento paulatino na quantidade de café. E ela desenvolve a estranha mania de enrolar o cabelo com o dedo.

Na oitava noite, ela diz: — Somos Pe, da palavra redenção, e Áin, da palavra humildade. — Acordo com a suspeita de ter escutado duas vozes distintas. No celular, anoto tudo e me estresso por não conseguir dormir. Escuto um galo cantar, longe, e um cachorro latir, ainda mais longe, pensando se há alguma conexão entre eles. Espero amanhecer, decidido a fazer algo para dormir melhor. De manhã, aumento a quantidade de café. Ela enrola o cabelo com o dedo. Mais tarde, na farmácia, peço um fone de ouvido para dormir melhor e o vendedor me corrige: — Protetor auricular? —. Involuntariamente, pergunto se ele sabe qual letra vem depois de *áin*.

Na nona noite, mesmo com o protetor auricular, escuto-a dizer: — Mestre... Samekh... palavra apoio. — Consigo anotar, com algumas reticências, o que ela disse e tenho a impressão de ter escutado, muito ao longe, um galo cantar e um cachorro latir. Ela acorda, assustada, sem saber dizer com o que sonhou. Com a luz acesa, fazemos amor enquanto ela enrola o cabelo. Volto a dormir, com o protetor auricular. Acordo atrasado, tomo café sozinho.

De manhã, volto à farmácia e peço um protetor auricular mais eficiente, que abafe melhor o som. O vendedor me oferece um feito de espuma moldável e de fácil aplicação.

Na décima noite, com o protetor auricular de espuma moldável e de fácil aplicação, escuto-a dizer: — Nun... louvor... Mem... rei. — Com dúvida em relação a algumas palavras, travesseiro caído no chão, anoto uma frase repleta de reticências. E sem saber se o galo cantou ou se o cachorro latiu, durmo. Depois, novamente, tomo café, sozinho.

Dispenso os protetores auriculares.

Na décima primeira noite, ela diz: — Mestre, sou Kaf, da palavra glória! Sou Iud, do Tetragrama[5]. Sou Tet, da palavra bom. — Obcecado com a insônia, já não me importaria se galo uivasse ou se cachorro cantasse.

Tomo café como se não houvesse amanhã, pesquiso sobre bruxismo e terror noturno, sem concluir nada. Percebo que ela não tira o olho do celular.

Na décima segunda noite, ela diz: — Mestre, sou Záin, da palavra lembrança. — De manhã, extremamente sonolento, tomo café olhando para as paredes. Ela está entretida em um aplicativo que permite ao usu-

[5] Palavra originária do grego que significa "quatro letras", associada às letras *iud* (y/i), *hê* (h), *váv* (v/w) e *hê* (h), também chamado de Tetragrama Sagrado. É costume judaico não o pronunciar ou escrevê-lo.

ário plantar árvores virtuais que crescem apenas quando não se usa outro aplicativo do celular. Senão, as árvores morrem.

Na décima terceira noite, ela diz: — Mestre, somos Guímel e Dálet, das palavras pobreza e benfeito. — De manhã, trocamos, distraídos, as xícaras de café e rimos. Ela está feliz, pois plantou árvores no tempo correto, ganhando créditos para comprar outros tipos de árvores. Estou ansioso para saber qual será, no sonho, a letra beneficiada. De repente, ela se estressa, pois deixa uma árvore morrer.

Na décima quarta noite: — Bet, tu inicias a palavra bênção, criarei o mundo contigo! — Enquanto anoto tudo, ela dorme profundamente. De manhã, ela enrola mais e mais o cabelo. Acho engraçado. Finalmente, consigo diminuir a quantidade de café. Sem piscar os olhos, ela planta árvores novas e mais caras. Leio que "Luzes de aparelhos eletrônicos, como celulares, interferem negativamente na qualidade do sono". Saímos para trabalhar sem trocar uma palavra.

Na décima quinta noite: — Álef, serás a primeira, encabeçarás o alfabeto, iniciarás os dez mandamentos... — Não consegui anotar o restante, pois, supondo que a história já havia terminado, não deixei o celular ao meu lado. No café, ela enrola o cabelo e planta árvores. Leio sobre as melhores maneiras de evitar o soniloquismo.

Passo o dia tentando decorar algumas letras hebraicas.

Na noite seguinte, sonho com as frases: "A letra tem uma história. A letra nasce, vive, morre". E minha esposa me acorda, dizendo: — O que você disse?

UM *IBBUR* ENTRE NÓS

Crescei e multiplicai-vos.
(Gênese 1:28)

Mistério é palavra obviamente vaga, pois sempre há mistério em algum lugar.

Certo dia, numa quarta-feira, encontrava-me parado no escritório, com os botões da blusa abertos, a mão no teclado à espera de que a inspiração despontasse de algum lugar, permitindo-me escrever um conto novo. Nada me ocorria. Então, resolvi escrever um poema para minha esposa. E, enquanto escrevia linhas introdutórias, senti algo estranho em minha cabeça, em meu corpo, e uma voz longínqua em uma espécie de sotaque iídiche começou a se manifestar.

Um *ibbur*[6] ocupou o meu corpo. Ele me contou que vivera no século XX, mas voltou para concluir a última

[6] "Incubação", em hebraico. Segundo o misticismo judaico, o fenômeno ocorre quando uma alma ocupa temporariamente o corpo de uma pessoa viva, unindo-se à alma dessa, no intuito de cumprir tarefa importante, promessa ou dever religioso.

tarefa, que só poderia ser realizada na carne. No caso, a minha. Para aqueles que não acreditarem neste relato, há uma enormidade de coisas que eu poderia contar e que somente um *ibbur* poderia saber. Ele me disse que em vida tentara cumprir todos os mandamentos da religião judaica, mas que, ao chegar ao céu, descobriu que descumprira um deles.

Ele, assim, explicou-me:

— Há duas tradições no judaísmo, a de Bet Hillel e a de Bet Shamai, fundadas, respectivamente, pelos sábios Hillel e Shamai. Lá, no céu, descobri que estão errados os que optam pela tradição de Shamai. Segundo esse, um homem deve ter dois filhos; mas, segundo Hillel, um filho e uma filha, porque está escrito “macho e fêmea Ele criou”. Eu tive dois filhos homens e nenhuma filha. Descumpri o mandamento religioso.

O *ibbur* me contou que conhecera a esposa em um casamento arranjado pela casamenteira da comunidade onde moravam, de acordo com o costume judaico. E em três meses se casaram. Para toda a humanidade, a morte é o fim da vida; para ele, a morte é o meio para se alcançar uma finalidade. Então, ele decidiu participar da relação sexual entre mim e minha esposa. Disse ainda que fecharia os olhos, respeitando nossa privacidade. Eu recusei, mas ele não era apenas insistente: insistia de dentro do meu corpo. Sempre em seu sotaque iídiche. E esse foi um dos incômodos que tive. O *ibbur* tivera, em vida, o costume de fumar cigarros. Ele me implorou, exigiu, que eu desse algumas tragadas. Tentei argumentar que, primeiro, eu não fumo, segundo, tenho sinusite. Em vão: o eco em minha cabeça era tão longo, que cedi. Esse foi o segundo incômodo. E ele não demorou muito a exigir outra tragada. No princípio da presença do *ibbur* em meu corpo, minha esposa, Dvoire Balagan, pensou que eu estivesse assobiando ou falando comigo mesmo. Não ousei contar que abrigava um *ibbur*. E pior: um *ibbur* cuja missão era participar da nossa relação sexual. Aqueles foram dias difíceis! Por outro lado, qualquer dúvida que eu tivesse sobre judaísmo o *ibbur* a eliminava, recheando minha cabeça de citações rabínicas.

Decidi agir. Pesquisei na internet e encontrei um bom argumento: disse à minha mulher que pararíamos de ter relações sexuais por uns dias, pois consta no Talmude que um casal pode se abster das relações por até 30 dias se o intuito for o de estudar Torá. Ela estranhou, é claro, principalmente após escutar o trecho de onde extraí o argumento: "obrigação marital diária para os desocupados; duas vezes por semana para os trabalhadores, uma vez por semana para os que conduzem onagros; uma vez a cada 30 dias para os que dirigem camelos, e uma a cada seis meses para os marinheiros". Com isso, eu a confundiria e ganharia tempo, até que o intruso fosse embora.

Resolvi, então, num dia claro, contar ao *ibbur* a nossa história.

Há alguns anos, conheci Dvoire. Ela era uma jovem médica; eu, um jovem poeta. Dvoire, com seus cabelos ruivos cacheados, parecia-se com Afrodite! Exatamente igual a Vênus! Uma deusa saída da mitologia grega ou da romana! Bela, meiga e inteligente! A vida lhe confiou o dom da cura. Tinha a pele branca como o mármore. Exalava mais perfume do que as flores de todos os jardins juntos. O olhar de Dvoire era tão límpido! Seus olhos, como duas pombas a voar no céu, faziam-me sentir tão bem e tão confortável! Seus lábios eram dois portais mágicos e vermelhos. Sua boca não emitia palavras, produzia mel... Ela era educada e seus gestos eram dignos de uma deusa. Em sua presença, todo ser se alegraria, qualquer olho se encantaria. A primeira troca de olhar com ela, inevitavelmente, animou o meu coração; com a respiração ofegante, meu coração pulsou mais forte. Sua beleza era pura e límpida como a neve. Ao me aproximar dela, meu corpo se aqueceu como um vulcão. Sua presença encheu páginas de poemas a retratar inspiradas paisagens com pássaros, borboletas, flores e exóticas frutas. Eu renasci, pois ela despertou em mim um poeta. E os meus poemas também produziram nela um novo sentimento! Nascidos de tremenda inspiração, meus poemas a conquistaram! O amor brotou em nossos corações: mais forte do que a morte, mais brilhante do que as estrelas! E nosso amor era eterno. O próprio mundo poderia se extinguir pela ação humana, mas nenhuma catástrofe era capaz de assolar o nosso amor.

Assim que terminei, vi o *ibbur* se elevar. Sobre sua cabeça havia uma coroa simples. O semblante era generoso e angelical. Eu me senti um pouco zonzo e, sem saber o que aconteceu nesse ínterim, acordei nos braços de minha Dvoire. Sua mão acariciava-me o rosto. Eu a beijei e a amei, livre de empecilhos, pois o nosso amor era maior do que qualquer interferência.

Um ano depois, nasceu nossa primeira filha.

EM UM BANCO DE PRAÇA QUALQUER

— O que a senhora tem nessa bolsa, mesmo?

— Comprimidos. Tomo remédio pra ansiedade: Desodalina, tomo Desodalina.

— A senhora toma muito remédio?

— Tomo só ele, mas tenho Losartan e Metformin também, se alguém precisar.

— O que é isso?

— Cuidado, a pilha vai cair!

— Para que carregar uma pilha na bolsa?

— São dez.

— E o que a senhora vai fazer com dez pilhas? Oi? O que é isso? Uma barra de cereal?

— Sim, e muito gostosa!

— Ela já passou da validade... Veja só, uma bala.

— Essa é muito gostosa! Não quer? É *kosher*...

— É o quê?

— Parece que está melando, mas é gostosa.

— Um cigarro? E você por acaso fuma?

— Não, mas, se alguém precisar, eu tenho.

— Que é isso? Um fio dental usado? Credo...

— Não, é só um fio. Sabia que um fio serve para cortar bolo e queijo?

— Um candelabro de sete braços? Um porta-retratos? Um saquinho?

— É saquinho de presente.

— Só faltou a foto (risos).

— Tem aqui: do meu falecido marido. Meu marido bebia muito. Morreu de cirrose.

— Que triste, sinto muito.

— Tudo bem, morreu sem sofrer. Teve sorte.

— Baralho?

— Jogo pôquer com as senhoras no clube.

— Que chique! Bingo também?

— Que bingo! Jogo gamão, *rummikub* e xadrez!

— Garrafinha de bebida?

— É conhaque. Sou idosa e os seguranças não vasculham minha bolsa...

— A senhora bebe muito? Que é isto: uma xícara? Para que a senhora tem louça na bolsa?

— Se alguém quiser me acompanhar num chá... Antes, deixa eu tirar esses suportes para xícaras.

— Agora vejo, são duas xícaras (risos). Aceito!

— OK!

— O quê? A senhora tem sachês de chá?

— Hortelã, gengibre, erva-cidreira e camomila!

(Sorvendo o chá...)

— Tenho limão também. Aceita?

— Sim, mas e faca?

— Aqui, oh, na bolsa...

— Chá gostoso...

— Para mim está bom! Não quero mais, não.

— Também não vou tomar mais, não.

— É hora do meu remédio. Ah, está aqui.

— A senhora usa sunga?

— Não, minha filha, mas tem também maiô, biquíni, óculos de natação e touca.

— Duas.

— Olha, lata de sardinha, pacote de pão de forma.

— E *homus*.

— Ai, que delícia!

— Aceita?

— Uai, já que a senhora oferece.

— Pode comer à vontade, precisa ficar com vergonha, não. Aqui, junto com outras coisas, tem uns cálices, dá pra gente fazer um brinde. Não é isso, meu Deus, isso é veneno de rato. Tomou, morreu. A gente 'tava' com um problema. Então, agora, eu ando prevenida. Foi difícil, mas felizmente conseguimos acabar com os roedores.

— Na casa da senhora?

— Ah, não, foi na casa da moça que conheci na caminhada. Ela é da sua idade. Quantos anos você tem? Vinte? Toma um *drink* comigo. Tenho *whisky* também! Nesse frio...

— A senhora bebe todo dia?

— Não toma *whisky*, menina? A propósito, prefiro rum. Aqui, se preferir, na minha bolsa, tem guaraná.

— Não gosto de refrigerante, mas obrigada.

— Ontem esteve aqui, neste banco, uma menina que não conhecia guaraná. Diz que só tomava Coca-Cola. Experimentou e gostou. Não sei, mas tenho uns biscoitos salgados em algum lugar. Achei! Ficam aqui, junto com os doces. Cuidado com o vestido. Olha, um cachorro! Adoro cachorros!

— Eu também.

— Tenho um pacote de biscoitos pra cachorro. Toma aqui. Dá pra ele. O que houve? Ele não gostou? E o que você faz da vida?

— Eu era secretária, perdi o emprego. Acho que eu vou trabalhar com Uber.

— Quê? Fala mais alto!

— Trabalhar com Uber, dirigindo.

— Ah, motorista! Está desempregada. Se for o que você quer. Meu filho é dono de uma frota de táxi, tenho o cartão dele em algum lugar dessa bolsa. Vai lá e diz que eu mandei você lá.

— Muito obrigada. Irei sim. Olha, foi um prazer conversar com a senhora. Muito obrigada pelo chá, pela bebida, pelo biscoito e principalmente pelo contato do filho da senhora.

— Antes de ir embora, deixa eu te dar um presente, muita coisa aqui eu nem uso...

— A senhora não precisa me dar nada não.

— Binóculo, isqueiro, lenço de pano, caneta, batom, agenda, celular, livro de contos, *pendrive*, carregador portátil de celular, chaveiro com Mão de Fátima, carteira de documentos e dinheiro...

— Minha nossa! A senhora está entrando na bolsa?

HERANÇA

Novamente, como nos anos anteriores, Avraham e Sara são confrontados com o dilema do presente de Chanucá para os netos.

Na opinião deles, os filhos não ensinaram aos netos, irremediavelmente laicos, o significado e o espírito de Chanucá. E a celebração judaica teria se reduzido à mera transferência de presentes, como um Natal judaico.

Eles estão ansiosos. Depois de descartarem uma série de itens (incluindo assinaturas de plataformas de *streaming*), eles decidem por um *kit* diário, um presente por cada dia de festa, composto por geleia de nozes e de figo, mel, dinheiro, peões e livros infantis sobre a celebração.

Avraham trabalhou muitos anos como sapateiro, na Lituânia, tendo pouco contato com não judeus. Ele era chamado de Senhor Shusterman. Sara veste roupas à moda clássica, em tons neutros. Eles têm os cabelos brancos e os rostos enrugados e secos.

O avião que trará filho, nora e netos se atrasa: a página eletrônica da companhia aérea informa que, por motivos meteorológicos, milhares de passageiros têm de aguardar em vários aeroportos. Avraham e Sara, apreensivos, ouvem o som do vento inquieto balançando as árvores... – até que o tempo melhora.

Para eles, foi uma eternidade.

Finalmente, filho, nora e netos estão no táxi, no trajeto do aeroporto até a casa. Enquanto isso, Avraham e Sara acendem as velas de Chanucá e, em seguida, as de Shabat. Os convidados chegam. Todos falam simultaneamente. Não há tempo, porém, para o *shalom-alechem*, pois anoitece. Já é Shabat.

Avraham limpa a garganta, ruidosa e cuidadosamente, como sempre faz antes de rezar. Ele abençoa o vinho e o pão. Os netos não dizem uma só palavra, apenas olham atentamente para as mãos envelhecidas e inchadas do avô.

Avraham sente um calafrio, um misto de espanto e preocupação, ao notar que pula algumas palavras da oração. A falha é seguida por engenhoso comentário:

– Rápido, rezei muito rápido.

Ele talvez tenha conseguido disfarçar, mas não para a companheira.

A lógica por trás da religião está exposta há milênios no Talmud, que Avraham e Sara desvendam juntos: não há prática religiosa correta ou incorreta. O marido pode recitar orações, errando ou acertando palavras; eles continuam sendo marido e esposa. Uma é parte do outro e um é parte da outra, compondo uma identidade mútua.

De repente, uma pessoa fantasiada de Papai Noel passa pela sala de jantar e se senta na poltrona com um enorme saco vermelho.

– Vocês vão ganhar presentes, crianças! – grita a nora.

– *Ikh vel nemen a glezl tey* (pegarei uma xícara de chá) – murmura Sara, em iídiche, a caminho da cozinha.

O fantasiado declara:

– Ho...ho...ho! Vamos ver quem se comportou bem!

E as crianças dizem, em uníssono:

– Eu! Eu! Eu!

– Também vou pegar uma xícara de chá – diz Avraham.

– Cada um ganhará um brinquedo, mas terá que dar um brinquedo velho, que não usa, para as crianças que não têm presentes – diz o fantasiado.

As crianças se confundem, por um segundo, mas logo compreendem. Elas rapidamente depositam os presentes que receberam dos avós no grande saco vermelho.

Mais tarde, Avraham e Sara, em seu quarto de dormir lembram-se docemente de outrora. O relógio de parede da Lituânia. As lembranças forçam os cantos enrugados das bocas. Na cabeceira, próximo a um pequeno abajur, um álbum de fotografias aberto.

Avraham fecha a persiana gasta e se deita. Sara fecha o álbum, quando, subitamente, uma fotografia cai da dobra. Nela, os primeiros raios do dia se misturam às luzes da cidade. Uma família está sentada nos degraus de uma *Yeshivá*, a escola rabínica: um homem barbudo, a esposa, de chapéu escuro, um filho e uma filha. Sara põe o álbum em cima de um jogo de xadrez, presente do irmão. Lembrar é aceitar a existência de uma pessoa após a outra.

Continente chacoalhado por bombas e trens que enviaram seres humanos para o inferno. O sofrimento é inimaginável. A crueldade incalculável reduziu pessoas a pedaços de ossos, transformando-as em poeira. A escuridão pousou na História.

Avraham e Sara, entretanto, sorriem. O Natal misturado ao Shabat e ao Chanucá não poderia ser herança de uma cultura mista?

A VINGANÇA DOS SERES VIVOS

Origem

No princípio, há somente água, e o espírito de Deus paira sobre a água.

No segundo dia, são criados moléculas, ribossomos, aminoácidos, proteínas e ácido ribonucleico (RNA), conforme está escrito: "Que a vida seja definida como um sistema químico autossustentável capaz de passar por seleção natural". Então, a água conhece a primeira bactéria, e o que dela brota é abençoado. Depois, Deus diz:

— Haja limites para o mundo se manter!

No terceiro dia, surgem os extremos da Terra, elevam-se montanhas e, entre essas, formam-se vales e planícies. No mesmo dia, Deus cria o jardim do Éden e todas as árvores do Paraíso carregam sementes, flores e frutos. Quando, porém, as bactérias sabem que são criadas para dominar o mundo, levantam sua voz e se tornam orgulhosas. Deus, então, diz:

— Odeio o atrevimento e a vaidade, ninguém é mais do que Eu!

Ele logo cria o vírus, inclusive, o bacteriófago. Quando as bactérias veem que Deus cria o bacteriófago (em bacteriolês: *bktrihfag*), estremecem e coram. Então, Deus lhes pergunta:

— Por que estremeceis?

Elas respondem, em algazarra:

— Estremecemos porque criaste o vírus que nos infecta. Considerávamo-nos mais numerosas dentre todas as criaturas e agora nos surge um virulento destruidor.

Deus responde:

— Farei reproduzir todas as espécies de bactérias, das quais algumas habitarão em paz com os demais seres.

No quarto dia, surgem os microrganismos luminosos, de diferentes tamanhos, formas e brilhos. No quinto dia, a água se agita com espécies macrobióticas, machos e fêmeas. No mesmo dia, Deus faz sair da água essas espécies, para a terra e para o ar. No sexto dia, os seres recém-criados se acasalam e se multiplicam.

Num outro lugar, lê-se: "E disse Deus: 'Façamos o homem à nossa imagem e que domine tudo!'. E criou

Deus o homem à sua imagem. E abençoou-o, dizendo: 'Frutificai, multiplicai, enchei a terra e subjugai-a'".

Então, o vírus protesta:

— É justo que um ser macrobiótico domine o planeta?

Ao que Deus retruca:

— Se ousares ir do animal em que te hospedas até o homem, trarei dez pragas.

Receoso, o vírus conclui:

— Oh, senhor do mundo! Foi apenas uma palavra que proferi!

Entropia

Quatro ventos sopram diariamente: os ventos norte, sul, leste e oeste – cada um trazendo consigo 300 mil microrganismos. O vento norte sopra da meia-noite às 6 horas; de lá, provêm os vírus. Está nas Escrituras microscópicas: "Do norte irromperão desgraças". O vento leste sopra das 6 horas ao meio-dia e, com ele, vêm 70 milhões de bactérias. Está escrito: "Eis o meu mensageiro há bilhões de anos". O vento oeste sopra do meio-dia às 18 horas e, com ele, saem 3 mil fungos, os quais alimentam a vida exterior. Está escrito: "Ele estende os microbióticos como uma tenda, nos quais os macrobióticos habitam". O vento sul sopra das 18 horas à meia-noite; de lá provêm 465 protozoários.

Diariamente, os quatro ventos sopram procedendo das quatro regiões do mundo. Se, quando um deles soprar em outra terra, um ser caminhar em outra direção, o mundo estará destruído, pois assim está escrito: "No jardim do Éden, o equilíbrio entre seres macrobióticos e microbióticos é estável". Logo, um vírus, de nome Adão, convence outro vírus, de nome Eva, a migrar de um ser macrobiótico a outro. De Adão e Eva um povo de nome Corona surgiu. E, dentre os seus descendentes, um será conhecido como...

Moshé

Moshé, pai de todos os vírus sábios, pai de todos os vírus profetas, chega. Ele, dotado de sabedoria, inteligência e conhecimento, profere as seguintes palavras:

— Nosso povo correrá 70 países e haverá contra nós 70 inimigos com 70 tentativas de nos aniquilar.

Todos escutam-no atentamente; muitos se desesperam. Um dos vírus ali presentes questiona:

— Quem vos enviou?

Ele responde:

— O autor das Escrituras microscópicas me chamou. Ele me indagou quem nos permitiu migrar do animal para o homem.

Assim, são enviadas...

Dez pragas

Deus diz:

— Agora verás o que será feito ao Corona: com mão forte, infligirei sobre vós dez pragas. E não farei isso contra criaturas minhas; o homem fará.

As três primeiras pragas foram: luvas, máscaras e isolamento social. O vírus zomba:

— Eu sou a coroa (em virulês: *ktr*) no mundo vindouro.

Deus responde:

— Não suporto olhar para o ímpio. A tua coroa é ímpia.

Em seguida, álcool em gel, a quarta praga, converte-se em número considerável de mortes. O líder dos vírus responde:

— Isso não pode contra nós; conseguiria alguém embeber o mundo em álcool?

Deus então diz:

— Que os homens assim o façam!

Os homens criam o sabão, a quinta praga, e atingem mais vírus em muitas partes do mundo. Nem todos os homens, porém, obedecem às regras, medida por medida. Assim, os microrganismos não são detidos em sua totalidade.

As quatro pragas seguintes são: hipoclorito de sódio, peróxido de hidrogênio, cloreto de benzalcônio e cloreto de alquil-dimetilbenzilamônio. Essas pragas destroem quase todos os vírus. Mediante tal situação, o líder dos vírus reclama:

— Os humanos utilizam produtos químicos, armas microscópicas contra nós, seres igualmente microscópicos. Discordamos! Por acaso eles querem dominar o nosso mundo também?

Deus, vendo que o vírus ainda inveja o homem, permite que venha a última e devastadora praga: a vacina.

VELHO NORMAL

De súbito, uma ambulância me retira de casa. A sirene é ensurdecedora. É um dia claro e as ruas estão assustadoramente vazias. Na cidade, revoadas de pássaros reforçam uma paisagem inédita, e se veem, a distância, as montanhas.

Sou transportado quase imóvel, envolto em panos brancos. Sinto cheiro de álcool. O movimento brusco da ambulância, percorrendo ruas esburacadas e mal sinalizadas, em meio à pichação de edifícios manchados, introduz-me no hospital.

Do leito, vejo as recomendações para os funcionários da saúde: "Higienize as mãos com água e sabonete apenas quando estiverem visivelmente sujas! Senão, friccione as mãos com preparações alcoólicas!". Tosses e choros vêm da sinistra galeria de corredores até meus ouvidos.

Põem-me no braço um termômetro e, no peito, um manto, com minha identificação: 5780. Sou o paciente

5780. Meu coração bate acelerado, minha garganta dói, minha cabeça explode. Tenho medo! Parece haver realmente uma epidemia. Em virtude do medicamento, durmo um sono que nunca havia dormido...

Na manhã seguinte, sinto-me muito bem. Aparentemente, contraí uma simples gripe. Um mês antes, começara o isolamento horizontal. Eu escarnecia. Acreditar na mídia e nas notícias deturpadas? Ela deforma os fatos. Acreditar nos políticos que sugeriram o isolamento? Eles se aproveitam do pânico da população para manipular a sociedade. Dizem que Coronavírus é uma arma biológica desenvolvida em laboratório, pela ONU, por Bill Gates ou pela China.

Ao meu lado está o paciente 2020. Tento conversar:

— Opa! Eu estou bem, sabia que essa história de epidemia era uma invenção desses jornais... — O infeliz então funga e vira o rosto. De repente, a enfermeira, de avental, máscara e luvas, aproxima-se e o medica. Digo a ela: — Ei, moça, esse aí está mal, hein? — Ela diz (não sei para qual de nós): — Você ficará bem logo — e sai. O 2020 tosse muito. Resolvo andar um pouco.

Viro um corredor e me deparo com um médico tratando de uma criança na UTI. Na etiqueta: Maimônides, Pediatra Intensivista. O médico diz a alguém que parece ser a mãe da criança: — Olha, ela foi internada com suspeita de pneumonia, por isso passou alguns dias na enfermaria. Como o quadro piorou, ela está na UTI... — A menina logo o interrompe: — Eu *tô* preocupada é com Malu — e aponta para uma boneca azul clara com roupinha laranja. Em meio a tosses e dificuldade de respirar, ela continua: — A perninha tá machucada e ninguém cuida dela. — O médico, vagarosamente, toma a boneca nos braços, analisa a perna direita, depois a esquerda, e diz, muito seriamente: — A bonequinha realmente está com *brinquedite* aguda. — A menina sorri. Ele coloca a boneca na mesinha de metal. Em seguida, com toda a gentileza, pede para a enfermeira trazer um rolo de crepom. Com cuidado, ele faz o curativo na bonequinha e a devolve à menina. Ela sorri para ele e pisca os olhos vermelhos e irritados. Eu, sem dizer nada, saio.

Volto pelo mesmo corredor e vejo, de longe, a equipe da limpeza retirando de meu leito o travesseiro, o lençol, o cobertor e a fronha. Espantado, ouço: "Causa: síndrome respiratória aguda grave. Devido a ou como consequência de: infecção por Coronavírus". Novamente, saio sem dizer nada, mas, agora, para mais longe...

O CONTO INTERMINÁVEL

"Agora leia isto".
E ele dirá: "Eu não posso, porque está selado".
(Isaías 29:11)

Dizem, aplicando regras analíticas fornecidas pelo senso comum à literatura, que a leitura de livros inteiros, isto é, de livros extensos, é mais desafiadora ao leitor, e mesmo problemática, do que a de um conto. Dizem ainda que um conto é sempre mais fácil do que um romance. Por conseguinte, tentam nos convencer de que, se o leitor entende um romance, inevitavelmente entenderia um conto. Ou que esse é um resumo daquele. Esqueça tudo o que disseram sobre a leitura de livros. Tudo! Ou melhor, esqueça as regras! O Conto Interminável, apesar de ser uma forma prosaica convencionalmente curta, narra algo que romance algum nem em sonho revela.

Mais de mil tentativas foram necessárias para eu dominar o Conto Interminável, que, segundo críticos e outros descontentes, apesar de possuir número limitado de páginas e, aparentemente, minúcias técnicas perfeitas, não obstante propõe desmedido desafio a quem o enfrenta, como obra alguma jamais o fez.

Há séculos, incontáveis leitores desistem, após insistência inicial, de avançar nas páginas do Conto Interminável e, cada vez mais pessimistas, fecham os olhos diante do que lhes parece ser uma escalada desorientada a um cume pedregoso, até que outro leitor, munido de calculado otimismo inicial, empreende nova tentativa – mas esse igualmente enfrenta o maior especialista em eliminar toda e qualquer operação de leitura.

Dos leitores mais antigos, responsáveis por iniciar essa tradição indubitavelmente malograda, pouquíssimo recebem os leitores mais recentes. Personagens, enredo, moral da narrativa? Ao desfecho, aliás, ninguém ainda conseguiu chegar, apesar da atuação de curiosos, de voluntariosos e, principalmente, de vaidosos, como eu. Assim busco, sistematicamente, qualquer informação da história, como se fosse possível tomar emprestada a experiência alheia, tornar a barba branca e longa a partir do conselho da língua.

Tento obter alguma informação daqueles leitores mais antigos, atendo-me apenas a esta sua estranha condição: ao concluir o Conto Interminável, que eu o destrua.

A primeira missão a mim transmitida é manter o conto à mão, próximo. Então, sempre o deixo à vista, em um local de onde inevitavelmente posso pegá-lo e tentar ler um pouco. Porém algo mágico sempre torna a missão impossível, e o conto parece sempre se afastar de minhas mãos.

Outra meta a mim transmitida é ler uma página por dia, o que se revela mais complexo do que ler livros de centenas de páginas. Essa meta singular igualmente não funciona. O conto, como que competindo comigo, leva-me a páginas anteriores. Avanço uma página e o conto volta duas. Avanço duas páginas, ele volta quatro. Avanço três, ele volta oito. É angustiante caminhar em progressão aritmética, enquanto ele sempre retrocede em progressão geométrica! Assim, na tentativa de leitura, encontro-me de súbito em meio a linhas desconhecidas e pertencentes a um momento anterior ao do início da narrativa. Aquelas páginas pertenceriam a um tempo místico, não cronológico?

Outra diretriz é não deixar o conto se afastar. Ele, disseram-me, percebe quando diminuímos o ritmo, e se aproveita para se esconder – como um fantasma. Compete-me, então, evitar qualquer fuga sua. Essa diretriz destina-se a manter a determinação e a regularidade, mas o conto anula toda idealização e todo projeto, e causa confusão. Por fim, após passar dias vasculhando o apartamento, deparo-me de repente com ele, no chão, e, pela milésima primeira vez, retomo a leitura, após grande hiato.

Algo muda. O conto permite uma leitura tranquila e acomodada no sofá. Linha após linha, ele aceita que eu o leia. E eu me alegro com isso. Assim, confiante, passo para a rede de dormir. A narrativa, guardada no fundo de misteriosas páginas, sempre quis sair e ir direto do papel para os olhos.

Em algum momento, após avançar algumas páginas, fecho os olhos. Durmo. Uma hora depois, desperto, todavia, em um lugar desconhecido. Ligeiramente perturbado, gaguejo uma frase discreta. Levanto-me e vejo folhas espalhadas pelo chão. Recolho os papéis, lembrando-me daquela estranha condição dos velhos leitores.

Obstinado a continuar, página após página, sobre um anteparo de leitura, leio, insatisfeito com a indeterminação do texto, resvalando-me em afirmações inacabáveis e em maliciosos verbos infinitivos.

Ansioso por chegar ao final, atiro-me, eufórico, na empreitada. Infelizmente, porém, não consigo. Só encontro labirintos desmedidos e uma frase que, amiúde, aparece à margem esquerda, como um comentário de alguém: "É preciso evitar-se o pecado. Ele virá ao cabo da penúltima página".

As dúvidas persistem, enquanto meus dedos diligentes se revelam inúteis em tornar claro o que nascera misterioso. Assim, digo para mim mesmo, tendo as folhas em mãos: — A obstinação inicial se esgota. Não há razão para terminar um conto interminável.

Vendo multiplicar a quantidade de personagens e tramas, não tenho mais ânimo de terminá-lo. Passo a percorrer, um por um, os cenários, exortando-me a abandonar a leitura. Faço longas tentativas de chegar ao final e, muitas vezes, adormeço, despertando-me em lugares desconhecidos. A princípio, balbucio palavras de exortação, e me frustro. Com o passar dos anos, habituo-me com a essência do conto.

Não raro, volto às mesmas páginas, retóricas e complicadas, e, distraidamente, repito-as. Assim, às vezes, eu também me enfureço, lançando violentos insultos. Há pouco comecei a destruí-las, queimando página por página, em um estilo cruel. Quando retomo a leitura, entretanto, tenho a impressão de que o texto ganha volume.

A CONFUSÃO FILARMÔNICA

Nem bem havia começado o rigor do verão quando apareceu um caloroso desconhecido que, sem esconder a alegria de me ver, foi logo procurando minhas costas para um abraço forte.

A princípio, tentei me esquivar, mas ele estava tão empolgado e convincente, e eu, tão desprevenido, que, antes que pudesse sair daquela situação, só pude ver, enroscado que estava, a nuca do sujeito.

E, antes ainda que pudesse lhe perguntar o nome e, principalmente, de onde me conhecia, ele já me olhava com aqueles olhos alegres de quem reencontra uma pessoa importante. E nisto ele tem razão: sou uma pessoa importante!

Pelo menos foi isso que eu tentei argumentar para minha esposa quando contei a ela que fomos convidados pelo tal desconhecido para uma apresentação da Orquestra Filarmônica de Minas Gerais, com direito a camarote.

Ela bem que estranhou tal história, mas, apaixonada por música erudita, agilmente encontrou a solução:

— Se nos convidaram, devemos ir.

Chegar à sede da orquestra foi, na verdade, tranquilo. Na entrada da Sala Minas Gerais, eu não vi o desconhecido que me arranjou os ingressos, mas, minutos antes de a apresentação começar, os acontecimentos assumiram características diferentes.

Ainda no saguão, o homem apareceu vestindo um moletom do Cruzeiro Esporte Clube e usando um boné com o símbolo daquele clube de futebol. Se não me engano, ele assim começou a conversa:

— Meu amigo estrelado!

Eu fiquei um pouco incomodado com o tom de sua voz, que chamava a atenção das pessoas, além, obviamente, da vestimenta. Assim, estendi-lhe uma mão nervosa e dura. Eu lhe apresentei minha esposa e, sem sequer terminar de dizer o nome dela, já estava ele com as mãos nos ombros dela, dizendo:

— Como vocês gritaram naquele jogo!

Com essa, senti simultaneamente alívio, por saber que o indivíduo me confundia com alguém que derramou seu amor ao Cruzeiro em algum estádio de futebol, e vergonha, por ele atrair cada vez mais atenção.

Percebendo que minha esposa, tão discreta, também estava incomodada, fui logo rebatendo:

— O senhor está nos confundindo...

Ele logo me interrompeu, pois tocaram os três sinais sonoros:

— Vamos! Eu consegui ótimos lugares!

Seguimos o indivíduo, minha esposa olhando para mim como se eu tivesse decidido sozinho estar ali para ela passar vergonha, o que me fez congelar até os ossos. Eu, como experiente marido, sabia que a previsão do tempo indicava uma tempestade em casa.

No palco, o maestro fez a reverência de costume e eu suspeitei que o novo amigo iria atentar contra as regras de etiqueta.

Minha esposa diz que eu sou eufemista, ou seja, que eu uso palavras agradáveis, em vez de ser direto ou agressivo. Cito aqui um exemplo, que ela sempre me lembra, de quando faleceu a Rainha da Grã-Bretanha: "Elizabeth II não está mais entre nós". Eu poderia ter dito, simplesmente: "Morreu".

O início do concerto foi maravilhoso. Estávamos muito felizes com as execuções magníficas da orquestra e do coro. Aquela minha suspeita, porém, adquiriu vida. Durante o Scherzo do primeiro movimento, subitamente brotou da segunda fileira um sonoro espirro:

— Atchim!

Espirros, como todos sabemos, são permitidos em qualquer lugar. Espirram os maestros, os músicos, os cantores e as pessoas da plateia. Ninguém se perturba com um espirro. Nosso amigo, porém, inclinou-se para o meu lado e gritou:

— Cruzeirão, cabuloso!

Eu já tinha me esquecido da vergonha, na entrada, que o amigo me fizera passar, tamanha a qualidade dos instrumentos de corda e de sopro, além do tempestuoso talento dos cantores. Obviamente, o grito encheu a sala com um eletrizante incômodo: as abarrotadas fileiras próximas à nossa mexeram e remexeram. Pude perceber, de soslaio, furiosos olhares na minha direção.

A paz logo voltou a reinar na plateia, inspirada pela majestosa sinfonia que triunfou com sua sonata poesia. Eu, porém, não consegui me concentrar e, de repente, terminou a primeira parte. Acenderam-se as luzes do auditório. Era intervalo.

As pessoas claramente olhavam para mim. Percebi duas belas mulheres, no corredor, conversando e apontando para mim. O ar-condicionado parecia derramar uma poderosa nevasca no ambiente, a ponto de provocar tosses e espirros. Nosso amigo já usava um cachecol azul, que cobria o pescoço, por sobre a gola do moletom. Ele pareceu ter entendido a conversa das mulheres, pois virou-se para mim, dizendo: — Atleticanas! — E sorriu.

Eu devolvi a ele um olhar raivoso e ele se lançou ao corredor.

O intervalo foi irrelevante. Eu e minha esposa bebemos uma taça de vinho tinto e utilizamos o banheiro.

A segunda e última parte do espetáculo suavemente seguia a narração da última cena de um poema de Goethe. Assim, coro e instrumentistas nos levaram à viagem que a alma de Fausto empreendeu, na narrativa literária, em sua ascensão ao céu. O solo de barítonos estava solene e o coro, festivo.

Todos estavam, aparentemente, inspirados pela *Sinfonia n. 8*, de Gustav Mahler, perfeitamente executada. Nem mesmo o gélido ar interferia no concerto. Após uma poderosa e rouca tosse, entretanto, muito próxima e que lembrava um tremor de terra, nosso amigo sentiu-se novamente tentado a se inclinar em mim e finalmente revelar o espectro ideológico:

— Maior de Minas!

Chiados irromperam e novamente olhares em minha direção sugeriam que as pessoas creditavam a mim o grito inoportuno.

Lá estavam me olhando minha mulher, de um lado, em tom de reprovação, e de outro, o sujeito, a quem não me refiro mais como amigo, sorrindo, o que imediatamente atraía ainda mais atenção e parecia reforçar minha autoria dos gritos.

Imediatamente, um segurança me disse não sei o quê e me acompanhou até a saída do edifício.

Era nesse momento que o coro concluía uma triunfante melodia, acompanhado de todos os instrumentos e, lá fora, minha esposa, sem demora, não poupava esforços em me culpar por inesquecível noite. Seu timbre de voz variava do agudo ao grave, adquirindo um aspecto viril e marcial.

Inegavelmente, aquela experiência me ensinou a nunca mais deixar-me ser confundido com outra pessoa. *Oy va voy*[7]!

[7] Expressão iídiche comumente usada por judeus em todo o mundo, podendo ser traduzida como "ai de mim!".

Nesta edição, respeitou-se o Acordo Ortográfico da Língua Portuguesa de 1990, que entrou em vigor no Brasil em 2009.

CONSELHO EDITORIAL: Alencar Perdigão, Cláudia Masini
EDITORA RESPONSÁVEL: Luciana Tanure
EDITOR: João Camilo de Oliveira Torres
EDITORES ASSISTENTES: Guilherme Coelho, Bruna Fortunata
TECNOLOGIA DA INFORMAÇÃO: Alessandro Guerra
REVISÃO: Raquel S. Murta
CAPA, PROJETO GRÁFICO E DIAGRAMAÇÃO: Conrado Esteves
FOTOGRAFIAS CAPA: Daniel Reis
ÍCONES MIOLO: alvaro_cabrera - Freepik

Catalogação na publicação
Elaborada por Bibliotecária Janaina Ramos – CRB-8/9166

C217e

Candido, Juliano Klevanskis
Enigmas / Juliano Klevanskis Candido. – Belo Horizonte: Quixote+DO, 2023.

112 p.; 13 x 18 cm

ISBN 978-65-86942-91-0

1. Antologia. 2. Contos. 3. Literatura brasileira. I. Candido, Juliano Klevanskis. II. Título.

CDD 869.908

Índice para catálogo sistemático
I. Antologia : Literatura brasileira

EDITORAS ASSOCIADAS

QUIXOTE+DO EDITORAS ASSOCIADAS
WWW.QUIXOTE-DO.COM.BR
Rua Alagoas, 1.270 | sala 304 | Savassi
30.130-168 | Belo Horizonte | MG
(31) 3141-1256

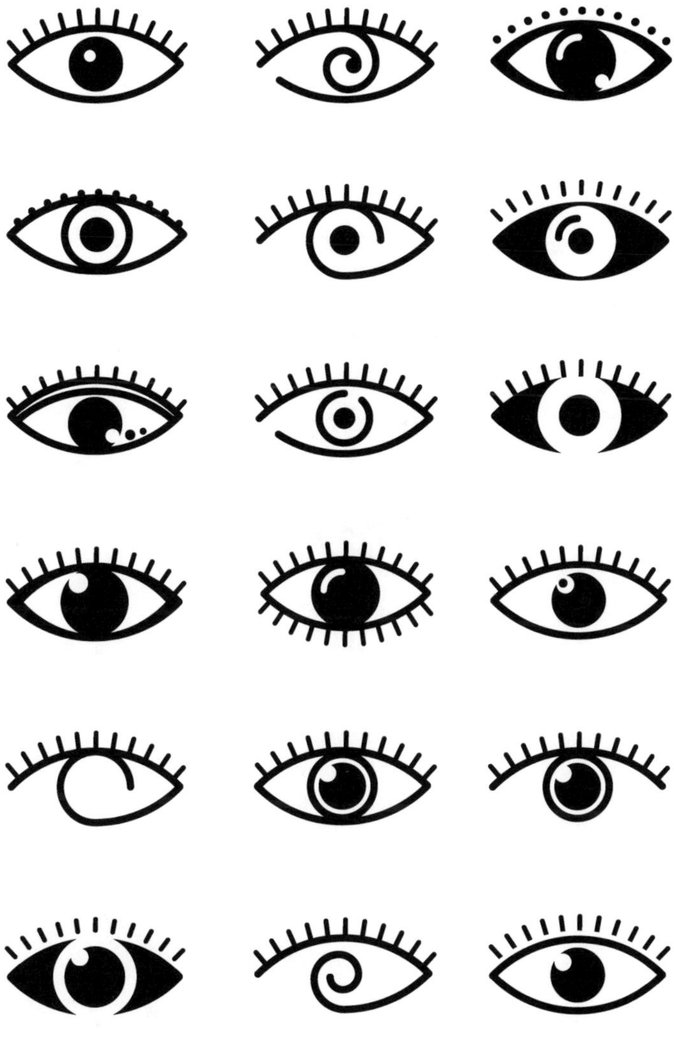

#tudocomeçanalivraria
#quixote+do2023
#delivro
#enigmas

[1ª edição 2023]

Esta obra foi composta em Fournier e impressa
em papel Pólen Soft 80g. na Artes Gráficas Formato
para a Quixote+Do Editora.

FSC
www.fsc.org
MISTO
Papel | Apoiando
o manejo florestal
responsável
FSC® C092828

2023
CARBON
NEUTRAL
SAVE
cerrado